# TRAITÉ

## DU

## NIVELLEMENT.

# TRAITÉ

## DU
## NIVELLEMENT,

PAR

### P. BUSSON-DESCARS,

INGÉNIEUR EN CHEF

AU CORPS IMPÉRIAL DES PONTS

ET CHAUSSÉES.

La raison humaine ne peut marcher
sûrement qu'appuyée sur l'expérience
et sur la théorie.

# A PARME.

DE L'IMPRIMERIE DE BODONI.

MDCCCXIII.

A MONSIEUR

# LE COMTE MOLÉ,

CONSEILLER D'ÉTAT, OFFICIER DE
LA LÉGION D'HONNEUR, DIRECTEUR-
GÉNÉRAL DES PONTS ET CHAUSSÉES
DE FRANCE, CANAUX, NAVIGATION,
PORTS DE COMMERCE, ETC.

# AVANT-PROPOS.

Une personne qui m'avoit rendu quelques services, et qui ne savoit de mathématiques que ce qu'on en apprend ordinairement au collège pour faire son cours de philosophie, me pria de lui enseigner à niveler. Je jetai d'abord sur le papier quelques propositions relatives à la théorie et à la pratique du nivellement, et je finis, en ajoutant, en retranchant et en coordonnant, par composer ce Traité qui ne contient qu'un très-petit nombre de pages. On me conseilla de le faire imprimer, et l'on m'assura que je rendrois service à beaucoup de personnes, sur-tout aux propriétaires, en publiant un ouvrage aussi court. Je m'y refusai d'abord, parceque je ne dis pas un seul mot des niveaux à perpendicule, ni de ceux à bulle d'air et à lunette, et que je ne parle que du niveau d'eau; mais on me représenta que ce dernier niveau étoit le plus en usage, parcequ'il se fabrique par-tout et à bon marché, et qu'il n'a pas besoin de vérification, les points de niveau qu'il offre étant donnés immédiatement par la nature. Ces observations m'ont rappelé le cas que M. de Chézi, inspecteur général des ponts

et chaussées, faisoit du niveau d'eau.
Le témoignage de ce célèbre ingénieur
sur cet objet est d'autant moins sus-
pect, qu'il s'est beaucoup servi des niveaux à bulle d'air et à lunette, parce
qu'il habitoit Paris où l'on trouve un
grand nombre d'artistes intelligens
qui construisent et réparent très-bien
ces sortes d'instrumens. M. de Chézi a
même considérablement perfectionné
les niveaux à bulle d'air et à lunette,
comme on peut le voir dans le tome V,
année 1768, page 254 des mémoires
présentés par les savans étrangers à
l'académie des Sciences de Paris.

Cet habile ingénieur, qui avoit beaucoup de bontés pour moi, me recom-
mandoit souvent l'usage du niveau

d'eau, qui est très-simple, qu'on fabrique à bon marché dans la moindre petite ville, et qui n'a pas besoin de vérification, comme nous l'avons déjà dit, tandis que les niveaux à bulle d'air et à lunette, qui coûtent fort cher et qu'on ne construit guère que dans les capitales, ont besoin d'être vérifiés, et demandent de grandes précautions pour s'en bien servir.

Ce sont toutes ces considérations qui m'ont déterminé à publier ce petit ouvrage auquel j'ai osé donner le titre de *Traité du Nivellement:* le Public décidera si j'ai bien ou mal fait.

Au reste, comme il n'a pas dépendu de moi de rendre le texte de cet écrit aussi parfait que je l'aurois désiré, j'ai du moins fait ensorte que la gravure et l'impression en fussent traitées d'une manière supérieure ; j'ai prié, en conséquence, M. ADAM de graver les planches, et le célèbre BODONI d'imprimer le texte.

# EXPLICATION

## DE QUELQUES SIGNES

### EMPLOYÉS DANS CET OUVRAGE.

Le Signe + signifie *Plus.*

Le Signe — signifie *Moins.*

Le Signe < signifie *Plus petit que;*
ainsi $AB < CD$ signifie : *AB plus petit que CD.*

Le Signe > signifie *Plus grand que;*
ainsi $AB > CD$ signifie : *AB plus grand que CD.*

Le Signe = signifie *Égale;*
ainsi $AB = CD$ signifie: *AB égale CD.*

Le Signe × signifie *Multiplié par;*
ainsi $AB \times CD$ signifie : *AB multiplié par CD.*

$\dfrac{AB}{CD}$ signifie : *AB divisé par CD.*

# TRAITÉ

## DU

## NIVELLEMENT.

1. L'opération du nivellement a pour objet de déterminer de combien deux points quelconques $G$ et $K$ *(fig. 1)*, ou un plus grand nombre de points, sont plus ou moins élevés les uns que les autres, c'est-à-dire, sont plus ou moins éloignés du centre de la terre.

La figure 1 représentant une partie de la terre que nous supposons ronde, hypothèse que nous pouvons faire dans l'opération du nivellement, sans donner lieu à des erreurs sensibles, le point $K$ est plus bas que le point $G$, puisque la distance $CK$, du point $K$ au centre de la terre, est plus petite que la distance $CG$, du point $G$ à ce même centre.

2. Les points $L, I, P$ sont dits de niveau, parcequ'ils sont à une distance égale du centre de la terre.

3. La ligne $LOI$ est dite de niveau, parceque tous ses points sont également éloignés du centre de la terre. Une ligne $LOI$ de niveau est un arc de cercle, dans la supposition que la terre est ronde: mais si cette ligne n'avoit, par exemple, que 3oo mètres de longueur, elle sembleroit droite, parceque le point milieu $O$, à cause de la grandeur de la circonférence de la terre, ne s'écarteroit de la droite $LNI$ que d'une quantité très-petite qui ne vaudroit pas même un millimètre.

4. La droite $rx$ tangente à la terre, qu'on appelle horizontale, paroît de niveau, parceque la terre nous semble plate, et il s'est

même écoulé bien des siècles avant que les hommes aient reconnu que la planète que nous habitons est ronde, abstraction faite pourtant des inégalités que l'on rencontre à sa surface. Aussi les droites $rx$ et $DE$ paroissant parallèles à la terre qui nous semble plate, s'appellent-elles lignes *de niveau apparent*, tandis que la ligne $LOI$ (3) est dite ligne *de niveau vrai*.

Une ligne de *niveau apparent* est, comme on voit, une ligne droite, tandis qu'une ligne de *niveau vrai* est une courbe.

5. Une surface dont tous les points sont également éloignés du centre de la terre, est une surface de *niveau vrai*, ou simplement une surface de *niveau*. Telle est la surface des mers, des lacs, des étangs, lorsqu'ils ne sont point agités. Telle est encore la surface de l'eau contenue dans un vase, lorsqu'elle est tranquille. Si l'on remplit d'eau le cylindre recourbé $A\ B\ C\ R\ A$

*(fig. 2)*, les surfaces *a b, c o* du liquide seront de niveau. Tous les points qui appartiennent à ces différentes surfaces sont autant de points de *niveau vrai* donnés par la nature.

6. Si l'on vouloit amener de l'eau du point *G* au point *H (fig. 1)*, il faudroit d'abord s'assurer si le point *G* est plus haut que le point *H*. On a même souvent besoin de connoître la quantité dont un point *G* est plus élevé qu'un autre point *H*, pour savoir si différens projets qu'on a en vue sont exécutables.

7. Je suppose donc que je veuille déterminer de combien le point *G* est plus haut ou plus bas que le point *H*. Si je pouvois assigner deux points *D* et *E* de niveau, situés au-dessus des points *G* et *H*, je saurois bientôt, non-seulement quel est le plus élevé des deux points *G* et *H*, mais encore de combien l'un est plus haut ou plus bas que

l'autre. En effet, je n'aurois qu'à mesurer les dimensions $DG$ et $EH$. Si elles étoient égales, les points $G$ et $H$ seroient de niveau; car les points $D$ et $E$ étant de niveau, par hypothèse, les droites $CD$ et $CE$ seroient égales (2); si des quantités égales $CE$, $CD$, on retranchoit les quantités égales $DG$, $EH$, les restes $CG$, $CH$ seroient égaux: donc les points $G$ et $H$ seroient de niveau (2).

8. Mais si au contraire la quantité $DG$ étoit plus petite que $EH$, le point $G$ seroit plus haut que le point $H$; car si de $CD =$ $CE$ on retranchoit $DG < EH$, et que de $CE = CD$ on retranchât $EH > DG$, il est clair que le reste $CH$ seroit plus petit que le reste $CG$: par conséquent, le point $G$ seroit plus haut que le point $H$.

9. Et si au contraire, $DG$ étoit plus grand que $EH$, le point $G$ seroit plus bas que le point $H$.

10. Si les points de niveau qu'on a déterminés étoient les points $d, e$, placés au-
dessous des points $G$ et $H$, on verroit, en
raisonnant toujours d'une manière analogue, que si $G\,d$ étoit plus grand que $H\,e$,
le point $G$ seroit plus élevé que le point $H$,
ce qui est, dans ce cas, le contraire de ce
qui a lieu lorsque les points de niveau sont
situés au-dessus des points $G$ et $H$.

Ainsi donc, lorsqu'on voudra assigner
la différence de niveau entre deux points
$G$ et $H$, il faudra tâcher de déterminer dans
les verticales qui passent par ces points,
deux points de niveau $D$ et $E$ situés au-
dessus, ou deux points de niveau $d$ et $e$ situés au-dessous des points $G$ et $H$. Les points
de niveau qu'on détermine sont situés, le
plus souvent, au-dessus des points dont on
cherche la différence de niveau.

11. Pour assigner deux points de niveau
$D$ et $E$ au-dessus des points $G$ et $H$ qui ne

sont pas à plus de 5o mètres l'un de l'autre (a), je me sers d'un niveau d'eau *(fig. 2)*.
Celui dont on voit ici la représentation
diffère beaucoup de celui qui est en usage
depuis des siècles. J'ai inventé cet instrument, et je l'emploie depuis long-tems dans
les nivellemens que je fais. Il offre plusieurs avantages que n'a pas l'ancien niveau d'eau.

Il est composé *(fig. 2)*, d'un cylindre de
fer-blanc *A B C R A*, de 13 décimètres de
longueur, de *B* en *R*, sur 17 millimètres de
diamètre. On a soudé à chaque extrémité

---

(a) Pour opérer avec justesse, au moyen du niveau d'eau,
il faut que les deux points dont on veut déterminer, d'un
seul coup, la différence de niveau, ne soient pas à plus de 5o
mètres l'un de l'autre. Un jeune paysan, bien constitué, et
que l'on a formé, peut niveler avec précision, d'un seul
coup, deux points éloignés de 60 mètres, parcequ'il n'a
pas la vue fatiguée par l'étude. Aussi, conseillons-nous aux
niveleurs qui n'ont pas la vue bonne, d'avoir recours à cet
expédient, et de se contenter de tenir le registre du nivellement, et d'indiquer les points où il convient de placer la
mire et le niveau.

une espèce d'entonnoir *A* terminé par un cylindre cannelé *i*.

On a adapté aux extrémités de cette machine deux verres ou tubes *K (fig. 2, 3 et 4)*, qui ont chacun 62 millimètres de diamètre environ, et 88 millimètres de hauteur. Ces tubes sont percés, dans leur partie supérieure, d'un trou *K* qui a 15 millimètres de diamètre environ.

On garnit ces verres de filasse en *l*, et on les ajuste ensuite aux deux extrémités de l'instrument que l'on remplit d'eau pour obtenir deux surfaces de niveau (5). Lorsque les deux surfaces du liquide ne tranchent pas parfaitement, on recouvre chaque verre d'une boîte échancrée en fer-blanc *L (fig. 5 et 6)*, dont les deux parties opposées *m* et *n* (a) sont enduites intérieure-

---

(a) Chaque partie *m* et *n* contient un quart du cylindre que forme la boîte, et les deux échancrures forment les deux autres quarts.

ment d'un vernis bien noir. Par ce moyen, l'eau qui remplit le niveau, quelque limpide qu'elle soit, paroît noire, et les deux surfaces de niveau tranchent alors parfaitement sur l'atmosphère, pendant le jour.

12. La douille $C H$ *(fig. 2)* aura deux décimètres de longueur, et sera maintenue par les deux brides $r$ et $t$ qui servent aussi à empêcher le cylindre $A B C R A$ de fléchir sous le poids de l'eau.

13. Le trépied est composé de la tige $C R$ de 32 centimètres de longueur, et des trois supports $V, V, V,$ qui ont chacun 125 à 130 centimètres de longueur. Ils sont armés de trois pointes de fer qui servent à fixer le trépied où l'on veut.

14. On remplit d'eau cet instrument (a), comme nous l'avons déjà dit, et l'on obtient

---

(a) Ce niveau coûte peu en province. C'est à Coni, chef-lieu du département de la Stura, que j'ai fait construire le premier. Il m'est revenu à 7 francs, non compris le trépied.

ainsi deux surfaces de niveau qui sont très-portatives. Le niveleur se place de manière que, le corps soutenu en partie par un ap-

---

La partie en fer-blanc m'avoit coûté 4<sup>f.</sup> 5o<sup>c.</sup>, j'avois payé un franc les deux verres ou tubes *K* et *K (fig. 5 et 6)* à la verrerie de la Chiusa, située au pied des Alpes, et 1<sup>f.</sup> 5o<sup>c.</sup> les deux boîtes vernissées avec leurs couvercles *(fig. 5, 6, 7 et 8)*.

J'ai fait exécuter plusieurs verres de différentes largeurs et hauteurs avant de fixer les dimensions qu'ils ont maintenant; enfin, je leur ai donné un diamètre tel qu'on puisse y introduire facilement la main, et une profondeur telle qu'on puisse atteindre au fond avec les doigts, pour rincer facilement ces verres.

Je saisis avec plaisir cette occasion pour remercier M. Jean-Marie Avena, directeur et co-propriétaire de la verrerie de la Chiusa, ainsi que son fils, de tous les soins qu'ils ont pris l'un et l'autre pour faire exécuter ces tubes suivant mes intentions.

Ce niveau se fabrique à Paris chez M. Bellet, cour de la Sainte-Chapelle du Palais, N.° 3. Cet habile artiste vend aussi toutes sortes d'instrumens de mathématiques; il construit des cercles répétiteurs de toutes les grandeurs; il a eu l'avantage d'accompagner M. Delambre dans les opérations que ce célèbre astronome a faites, depuis 1792 jusqu'en 1799, pour mesurer un arc du méridien terrestre; il observoit les angles de concert avec lui, et il étoit chargé, en outre, de réparer le cercle répétiteur; de sorte qu'il sait, par expérience, combien il importe qu'un instrument de mathématiques soit bien traité dans toutes ses parties.

pui, le rayon visuel $ED$ *(fig. 2)* qui va de l'objet à son œil, soit tangent aux deux verres, et soit, en même tems, dans le plan des deux surfaces de niveau; et comme on peut mener quatre tangentes à deux ellipses ou à deux cercles situés dans un même plan, il suit de là que le rayon visuel du niveleur peut avoir quatre positions différentes.

15. Lorsqu'on ne veut plus opérer, on enlève les tubes $K, K$ *(fig. 2)*, et on les introduit dans les étuis ou boîtes $L, L$ *(fig. 5 et 6)* que l'on ferme au moyen des couvercles $I, I$ *(fig. 7 et 8)*. Si l'on trouvoit ces verres embarrassans, à cause de leur grosseur, on pourroit en faire fabriquer qui n'eussent que 4 centimètres de diamètre *(fig. 9 et 10)*, et 85 ou 90 millimètres de hauteur. Ils seroient également percés, dans leur partie supérieure $K$, d'un trou de 15 millimètres de diamètre, et la partie inférieure seroit garnie de filasse ou d'étoupe.

16. Pour déterminer deux points de niveau $E$ et $D$ *(fig. 1)* dans les verticales qui
passent par les points $G$ et $H$, et au-dessus
de ces points qui ne sont qu'à 5o mètres
au plus l'un de l'autre (11), je commence
par placer le niveau *(fig. 2)* au point $P$ *(fig. 1)*,
à une distance égale des points $G$ et $H$. Les
deux points $a$ et $o$ des surfaces du liquide
contenu dans les deux tubes ou verres $K$
et $K$, seront de niveau (a), c'est-à-dire, que
l'on aura $Ca = Co$. Si l'on tire maintenant du centre $C$ de la terre, une droite

---

(a) Nous avons dit ( article 5 ) qu'en remplissant d'eau
le tube recourbé $A\,B\;C\,R\,A$ *(fig. 2)*, on obtenoit deux surfaces de niveau, mais la chose n'a pas tout-à-fait exactement
lieu. En effet, l'on a observé que si l'on remplit d'eau le
verre $D$ *(fig. 11)*, les colonnes $Hd$, $Ic$, qui sont appuyées
contre les parois du verre, sont plus élevées que les colonnes voisines, de sorte qu'il se forme autour du verre, un
onglet $H\,a\,I$. On attribue cet effet à ce que les molécules
de l'eau ont plus d'adhérence aux parois du verre qu'elles
n'en ont entr'elles. La hauteur $H\,a$ de cet onglet est d'autant plus grande que le diamètre du verre est plus petit.
Aussi dans les tubes qui terminent les niveaux d'eau ordi-

au point $F$ situé au milieu de $a\,o$, il est clair que $C\,F$ sera perpendiculaire au milieu de cette ligne, puisque $C\,F$ a deux points également éloignés des points $a$ et $o$ de la droite $a\,o$.

Si l'on tire ensuite par le point $P$ une droite $x\,P\,r$ tangente à la terre, au point $P$ situé sur la verticale $C\,F$, cette ligne $x\,P\,r$ sera perpendiculaire au rayon de la terre $C\,P$, et, par conséquent, horizontale (4). La droite $a\,o$ ou $D\,E$, parallèle à $x\,r$, sera également horizontale.

Plaçons à présent, verticalement au point $G$, un signal ou une mire $G\,D$, et une au-

<hr>

naires, cet onglet est-il très-sensible, parceque ces tubes n'ont guère que 3o à 4o millimètres de diamètre. Dans le niveau d'eau *(fig. 2)* dont je me sers et que je viens de décrire, cet onglet est peu de chose, et on peut le rendre encore moins sensible, en ayant le soin de faire dépolir l'intérieur des tubes, de manière cependant à les rendre, le moins possible, opaques. Par ce moyen, l'adhésion de l'eau aux parois du verre sera tellement diminuée que l'onglet deviendra, pour ainsi dire, nul.

tre mire $E\,H$ en $H$ (a), il est évident que les triangles rectangles $C\,F\,E,\ C\,F\,D$ sont égaux en tout, puisqu'ils ont chacun un angle égal compris entre des côtés égaux; donc $C\,D = C\,E$; donc les points $D$ et $E$ sont de niveau.

---

(a) Un roseau $A\,B$ *(fig. 12)* de 4 à 5 mètres de hauteur, divisé en centimètres et en décimètres, me sert de signal. A côté du dixième décimètre, on grave le chiffre 1; le nombre 2 est gravé à côté du $20^{me}$ décimètre, de sorte que le numéro 1 est gravé à côté du $1^{er}$ mètre, et le numéro 2 à côté du second mètre. Ce roseau est terminé, à chacune de ses extrémités, par une garniture $b$ en fer ou en cuivre, pour lui conserver plus long-tems la même longueur.

J'ai, en outre, un voyant $C\,D$ *(fig. 13)* divisé d'un côté en deux compartimens, l'un blanc et l'autre noir, et divisé de l'autre côté en 4 compartimens *(fig. 14)*. Ce voyant qui est formé avec deux morceaux de carton, est traversé par un roseau $E\,F$ *(fig. 13)* qui a 2 mètres de hauteur, et qui est aussi divisé en centimètres et en décimètres : on applique ce voyant $E\,C\,D\,F$ *(fig. 13)* le long du roseau $A\,B$ *(fig. 12)* divisé ainsi que nous l'avons dit, et l'on fait monter et descendre ce voyant à volonté.

Le roseau $A\,B$ *(fig. 12)*, et le voyant $E\,C\,D\,F$ *(fig. 13)* forment ensemble une mire très-légère, portative et commode.

Les points $D$ et $E$ ainsi déterminés, je mesurerai le long du signal $A B$ *(fig. 12)*, que je suppose placé verticalement au point $G$ *(fig. 1)*, la dimension $D G$ que j'écrirai, ainsi qu'on le voit, figure 15. Je la suppose égale à 4,<sup>mt</sup> 45.

Je mesurerai pareillement la hauteur $E H$ *(fig. 1)* que je suppose égale a 4,<sup>mt</sup> 98, et je la marquerai comme à la figure 15. Je mesurerai ensuite la distance $G H$ du point $G$ au point $H$, que je suppose égale à 50 mètres. J'indiquerai cette distance comme dans la figure 15.

Si je soustrais maintenant la plus petite cote 4,<sup>mt</sup> 45 de la plus grande 4,<sup>mt</sup> 98, le reste 0,<sup>mt</sup> 53 m'apprendra que le point $G$ est plus haut que le point $H$ de cette quantité.

Toutes les fois donc que l'on voudra déterminer la différence de niveau entre deux points $G$ et $H$ *(fig. 1)* qui ne seront pas à plus de 50 mètres l'un de l'autre, on opé·

rera avec le niveau d'eau de la manière que nous venons d'enseigner.

17. On voit que les deux cotes qui donnent la différence de niveau entre les deux points $G$ et $H$ forment le rapport aritméthique : 4, 45. 4, 98 dont la raison est égale à la différence de niveau entre le point $G$ et le point $H$.

18. Je suppose maintenant que l'on veuille déterminer la différence de niveau entre deux points $G$ et $K$ *(fig. 5)*, éloignés de 80 à 100 mètres au plus l'un de l'autre, de sorte qu'on ne sauroit faire cette opération d'un seul coup avec le niveau d'eau (11).

On placera d'abord son instrument au point $P$, à une distance égale des points $G$ et $H$ qui sont assez près l'un de l'autre pour qu'on puisse déterminer leur différence de niveau d'un seul coup.

Je suppose qu'en opérant, comme nous l'avons enseigné à l'article 16, nous ayons trouvé la cote du point $G$ égale à 3,$^{mt}$54, et celle du point $H$ égale à 4,$^{mt}$07; j'écrirai ces deux cotes, comme je l'ai fait fig. 16. Il ne faut pas être surpris que nous n'ayons pas trouvé les mêmes cotes que la première fois *(fig. 15)*; cela vient de ce que les surfaces de niveau $a$ et $o$ *(fig. 1)* se sont trouvées moins élevées la seconde fois que la première; au reste les cotes que la seconde opération nous a données, sont une preuve que nous avions bien opéré la première fois; car les cotes 3,$^{mt}$54 et 4,$^{mt}$07 *(fig. 16)* diffèrent de la même quantité que les cotes 4,$^{mt}$45 et 4,$^{mt}$98 *(fig. 15)*.

J'enlève ensuite mon niveau *(fig. 1)*, et je le place au point $X$, à une distance égale des points $H$ et $K$. Je fais placer successivement la mire en $H$ et en $K$, et, à l'aide de mon instrument, je détermine les deux points de niveau $i$ et $u$ (a). Je mesure les di-

_________________

(a) Les points de niveau $i$ et $u$ sont placés au-dessous

mensions $i\,H$ et $u\,K$. Je suppose que la première soit égale à 3,$^{mt}$ 98, et que la seconde soit égale à 4,$^{mt}$ 17. Je les écris, ainsi qu'on le voit fig. 16. Je ferai mesurer également la distance du point $H$ au point $K$ *(fig. 1)* que je suppose égale à 48 mètres, et je l'écrirai au-dessus de l'horizontale $D\,u$ *(fig. 16)*.

19. Pour connoître maintenant la différence de niveau qui a lieu entre les points $G$ et $K$ *(fig. 1 et 16)*, voici comment je raisonnerai: Puisque 4,$^{mt}$ 07 surpasse 3,$^{mt}$ 54 de 0,$^{mt}$ 53, il s'ensuit que le point $H$ est plus bas que le point $G$ de 0,$^{mt}$ 53; et puisque 3,$^{mt}$ 98 est plus petit que 4,$^{mt}$ 17 de 0,$^{mt}$ 19, il s'ensuit que le point $H$ est plus haut que le point $K$ de 0,$^{mt}$ 19.

---

des points $G$ et $H$. Il y a des cas où les points, qui servent de terme de comparaison, sont situés au-dessous des points $G$ et $H$. Il arrive même quelquefois, mais assez rarement, que l'un des deux points de niveau qu'on détermine est placé au-dessus, et l'autre au-dessous de l'un des deux points qu'on veut niveler.

On descend donc de o,$^{mt}$ 53 pour aller du point *G* au point *H;* mais pour arriver du point *H* au point *K* on descend aussi, et de o,$^{mt}$ 19; donc le point *G* est plus élevé que le point *K* de la somme des quantités o,$^{mt}$ 53 + o, 19 = o,$^{mt}$ 72. Ainsi les deux opérations que nous avons faites (18), et auxquelles on donne le nom de *Nivellement composé,* pour les distinguer de l'opération enseignée dans l'article 16 et connue sous la dénomination de *Nivellement simple,* nous ont mis à même de pouvoir déterminer que le point *G* est de o,$^{mt}$ 72 plus élevé que le point *K.*

20. Lorsqu'on veut niveler deux points qui sont à une distance considérable l'un de l'autre, alors au lieu de changer le niveau de place une fois seulement, on le change deux fois, trois fois etc., 100 fois et plus, s'il le faut, en ayant toujours soin d'opérer à chaque *Nivellement simple* sur

des points qui ne soient pas à plus de 5o à 6o mètres l'un de l'autre (11).

21. Les coups de niveau qui ont donné les cotes 3,$^{mt}$ 54; 3,$^{mt}$ 98 *( fig. 1 et 16)* se nomment *coups en arrière* ou simplement *coups-arrière,* parcequ'ils sont situés en arrière du niveleur qui s'avance de $G$ vers $K$; et les coups de niveau qui ont fourni les cotes 4,$^{mt}$ 07; 4,$^{mt}$ 17 se nomment *coups en avant,* ou simplement *coups-avant,* par la raison contraire.

22. On peut encore, par un moyen moins sujet à erreur, assigner la différence de niveau entre les points $G$ et $K$, à l'aide des cotes de la figure 16. On a pu remarquer que les raisonnemens, que nous avons faits à l'article 19, nous ont donné pour diffé-rence de niveau, entre les points $G$ et $K$, une quantité égale à la somme des raisons des rapports arithmétiques: 3,$^{mt}$ 54; 4,$^{mt}$ 07 et 3,$^{mt}$ 98; 4,$^{mt}$ 17 (17).

Or, on démontre, dans les élémens de mathématiques, que quelques nombreux que soient des rapports arithmétiques, si l'on ajoute ensemble tous les antécédens, et que l'on ajoute pareillement ensemble tous les conséquens, la raison du rapport composé de tous ces rapports sera égale à la somme des raisons de tous les rapports composants.

Pour trouver donc la différence de niveau entre les points $G$ et $K$, par le moyen des cotes de la figure 16, j'ajoute les antécédens ou les coups-arrière . . . . . . . $\begin{cases} 3,^{mt}\ 54. \\ 3,\quad 98. \end{cases}$
$\overline{\phantom{xxx}7,^{mt}\ 52.\phantom{xxx}}$

J'ajoute pareillement ensemble les conséquens ou les coups-avant . . . . . . $\begin{cases} 4,^{mt}\ 07. \\ 4,\quad 17. \end{cases}$
$\overline{\phantom{xxx}8,^{mt}\ 24.\phantom{xxx}}$

et j'ai le rapport arithmétique composé $7,^{mt}\ 52$; $8,^{mt}\ 24$ dont la raison $0,^{mt}\ 72$ est égale à la différence de niveau entre les points $G$ et $K$ que nous avions déjà trouvée.

23. Les raisonnemens contenus dans l'article 18 seront d'autant plus longs et, par conséquent, plus fatigants que la distance entre les deux points qu'on veut niveler sera plus longue. Le moyen que nous venons de donner dans l'article précédent sera aussi d'autant plus long que le profil, sur lequel on opérera, aura plus d'étendue. Nous allons enseigner une méthode qui nous dispensera d'avoir recours aux deux précédentes: la voici.

Il est clair que si, lorsqu'on a changé le niveau de place *(fig. 5)* et qu'on l'a posé au point $X$, lé point de visée $i$ se fût confondu avec le point $E$, on auroit eu alors au point $H$ deux cotes qui auroient été les mêmes, savoir la cote donnée par le coup-avant et celle donnée par le coup-arrière. La figure 16 se seroit transformée en la figure 17, et comme les deux cotes au point $H$ sont égales, on pourroit n'écrire 4,$^{mt}$ 07 qu'une seule fois.

Le terme de comparaison, pour déterminer la différence de niveau entre le point
$G$ et le point $H$, étant le même que celui
qui sert à déterminer la différence de niveau entre le point $H$ et le point $K$, on
n'a besoin que de soustraire la plus petite
cote 3,$^{mt}$ 54 de la plus grande 4,$^{mt}$ 26, et
le reste 0,$^{mt}$ 72 nous apprend de suite que
le premier point est plus élevé que le dernier de 0,$^{mt}$ 72, ce que nous avions pareillement trouvé, article 18.

24. Il seroit très-incommode, d'élever
et d'abaisser alternativement son niveau,
jusqu'à ce que le point de visée $i$ *(fig. 1)*
du coup-arrière coïncidât avec le point
de visée $E$ du coup-avant précédent. Mais
on peut, à l'aide d'un calcul fort simple
que nous allons enseigner, suppléer à cette
opération, qui seroit souvent fort difficile,
et quelquefois même impossible.

25. Je suppose que j'écrive la cote 10,$^{mt}$ 00

au-dessus de celle 3,^mt 54 *(fig. 16 bis)*. Si je substitue 10 mètres à cette dernière cote, il est clair qu'elle se trouvera augmentée de la quantité 6,^mt 46. Si j'augmente la cote correspondante 4,^mt 07 de la même quantité 6,^mt 46, auquel cas cette cote se transformera en 10,^mt 53 que j'écrirai au-dessus de la cote 4,^mt 07 *(fig. 16 bis)*, il est évident qu'alors les deux cotes 10 mètres et 10,^mt 53 seront aussi propres à indiquer la différence de niveau des points *G* et *H* que les cotes primitives 3,^mt 54 et 4,^mt 07, puisque les deux cotes 10 mètres et 10,^mt 53 ne sont autre chose que celles 3,^mt 54 et 4,^mt 07 qu'on a augmentées chacune de la même quantité.

. Si je veux maintenant faire disparoître la cote 3,^mt 98 *(fig. 16 bis)*, et lui substituer celle 10,^mt 53, il est clair que par cette substitution, la cote 3,^mt 98 se trouvera augmentée de la quantité 6,^mt 55. Eh bien,

augmentons la cote $4,^{mt}$ 17 qui lui corres-
pond, de la même quantité, et elle deviendra $10,^{mt}$ 72 que j'écris, comme l'on voit,
au-dessus de l'ordonnée $u$ $K$.

Cela posé, je dis que les cotes 10 mè-
tres; $10,^{mt}$ 53; $10,^{mt}$ 72 sont aussi propres à
donner la différence de niveau des points
$G$ et $K$ que les cotes de la figure 16, ou
que celles de la figure 17. Car la différence de niveau entre deux points quelconques est donnée par un rapport arithmétique composé, dont la somme des coups-
arrière compris entre les deux points en
question, forment l'antécédent, et dont
la somme des coups-avant compris entre
les deux mêmes points, forment le conséquent (22). Or la raison des rapports
arithmétiques ne changeant pas, si l'on
ajoute la même quantité à chaque antécédent et à chaque conséquent correspon-
dant, la raison du rapport composé de

tous ces rapports ne changera pas non plus.

Pour déterminer donc la différence de niveau des points $G$ et $K$, à l'aide des cotes de la figure 17, j'ajouterois ensemble les coups-arrière, compris entre ces deux points . . . . . . . . . . . . . . . . . . . . $\begin{cases} 3^{mt}\ 54 \\ 4\!-\!\ 07 \end{cases}$

J'ajouterois pareillement ensemble les coups-avant compris entre ces deux points. . . . . . . . . . . . . . $\begin{cases} 4^{mt}\ 07 \\ 4\!-\!\ 26 \end{cases}$

Je soustrairois ensuite la plus petite somme de la plus grande, et le reste me donneroit la différence de niveau cherchée. Mais je fais attention que la quantité $4,^{mt}07$ entre dans la somme des coups-arrière, ainsi que dans celle des coups-avant; il est donc inutile d'ajouter cette quantité de part et d'autre, et je n'ai qu'à soustraire le coup-arrière $3,^{mt}54$, qui répond au point

$G$, du coup-avant 4,$^{mt}$ 26 qui répond au point $K$, pour obtenir la différence de niveau de ces deux points.

Si l'on veut déterminer la différence de niveau des points $G$ et $K$ au moyen des cotes 10 mètres, 10,$^{mt}$ 53, 10,$^{mt}$ 72 de la figure 16 bis, on s'appercevra également, en opérant d'une manière analogue, que la quantité 10,$^{mt}$ 53 entre dans la somme des coups-arrière, ainsi que dans celle des coups-avant, de sorte que l'opération se réduira à soustraire la cote 10 mètres de l'extrême 10,$^{mt}$ 72, pour avoir la différence de niveau des points $G$ et $K$.

*On voit par là que lorsqu'on a réduit un nivellement à une même ligne de niveau, il suffit de soustraire l'une de l'autre les deux cotes qui répondent aux points dont on veut assigner la différence de niveau, pour connoître la différence de niveau de ces deux points.*

26. Lorsqu'on a réduit un nivellement à une seule ligne de niveau par la méthode que nous venons d'enseigner *(fig. 16 bis)*, on le rapporte ensuite graphiquement à une même ligne de niveau *(Plan.II,fig.19)*, par le moyen d'une échelle de parties égales *(Plan. II, fig. 18)*. Je me sers ordinairement d'une échelle d'un millimètre par mètre pour les longueurs, et d'une échelle double pour les hauteurs, ou pour les ordonnées. La figure 19 a été dessinée d'après ces deux échelles; il vaudroit peutêtre mieux se servir de la même échelle pour les longueurs et pour les hauteurs, parcequ'alors le profil rapporté parleroit aux yeux comme à l'esprit.

27. Il peut arriver que les ordonnées $DG$, $iH$ et $uK$ *(fig. 19)* soient trop courtes, pour qu'on puisse en écrire la valeur le long de ces ordonnées, alors on augmentera, si l'on veut, chaque ordonnée de 10, de 15, ou de

20 mètres, ou bien encore on commencera par tirer, au crayon seulement (a), une droite $ab$ *(fig. 20)* parallèlement à l'horizontale $Du$, et à une certaine distance de cette ligne. On rapportera ensuite les ordonnées, à partir de la droite $a\,b$. En usant de l'un de ces deux moyens, on se donnera assez d'espace pour écrire lisiblement les cotes des hauteurs.

Lorsqu'il n'y a qu'un très-petit nombre d'ordonnées qui soient trop courtes pour qu'on puisse en écrire la valeur, on peut, au lieu d'alonger toutes les ordonnées dont plusieurs sont déjà quelquefois trop longues, se contenter d'écrire la valeur des ordonnées qui sont trop courtes au-dessus ou au-dessous desdites ordonnées.

28. Je n'ai pas voulu donner dans cet ouvrage le profil d'un nivellement d'un

______

(a) Nous l'avons tirée ici à l'encre, afin qu'elle ne s'effaçât pas.

myriamètre de longueur, parcequ'il auroit fallu une planche trop grande pour le
dessiner; on fait pourtant quelquefois des
nivellemens qui ont encore beaucoup plus
d'étendue. Lorsqu'on veut réduire un nivellement d'une aussi grande longueur à
une seule ligne de niveau, il est à crain-
dre que le grand nombre d'additions et de
soustractions qu'on est obligé de faire (23),
ne soient cause de quelque erreur. Je conseille de faire alors l'épreuve que je vais
enseigner, pour obtenir quelques probabilités qu'on ne s'est pas trompé.

29. Supposons que nous ayons fait un nivellement dont la figure 21 soit la minute;
je commence par dessiner la figure 22 d'a-
près la figure 21 qui a été faite sur les lieux,
et que je conserve telle qu'elle est, afin de
pouvoir la consulter en cas de besoin. Je
réduis ensuite mon nivellement à une seule
ligne de niveau. Je substitue pour cela le

nombre 20,^{mt} 00 à la première cote 3,^{mt} 54 *(fig. 22)*, et je fais ensuite (a) les calculs suivans qui sont semblables à ceux que nous avons enseignés à l'article 25.

|  |
|---|
| 20, 00 |
| — 3, 54 |
| 16, 46 |
| + 3, 10 |
| S. 19, 56 |
| — 4, 25 |
| 15, 31 |
| + 3, 99 |
| S. 19, 30 |
| — 3, 64 |
| 15, 66 |
| + 4, 02 |
| S. 19, 68 |
| — 3, 87 |
| 15, 81 |
| + 3, 36 |
| S. 19, 17 |
| 15, 81 |
| + 4, 98 |
| S. 20, 79 |

(A)

Nota. Tous les coups-arrière sont affectés du signe —, et tous les coups-avant du signe +. Les nombres qu'il faut écrire au-dessus de chaque ordonnée de la figure 22, sont affectés de la lettre S.

(a) Si la 1^{re} cote que l'on écrit étoit trop petite, ce dont on s'appercevroit, parce qu'en continuant les calculs on rencontreroit des quantités négatives, alors on feroit cette

Voici maintenant l'épreuve à laquelle je soumets les opérations que je viens de faire, afin d'avoir quelques probabilités que je n'ai pas commis d'erreur.

J'ajoute ensemble tous les coups-arrière, et ensuite tous les coups-avant correspondans: Voyez l'opération ci-dessous:

```
Coups-arrière.    Coups-avant correspondans.

   3, 54.............3, 10
   4, 25.............3, 99
   3, 64.............4, 02   dernier coup-avant 20, 79
   3, 87.............4, 98   1er coup-arrière... 20, 00
  __________        __________                __________
S. 15, 30         S. 16, 09                        0, 79
                   — 15, 30
                   __________
                     0, 79
```

1re quantité, qui est arbitraire, assez grande pour n'avoir que des quantités positives.

Si la 1re cote que l'on a écrite étoit, au contraire, trop grande, ce que l'on reconnoîtroit en continuant les calculs qui donneroient des quantités positives très-grandes, alors on diminueroit, après les calculs faits, chaque cote d'une même quantité, de manière pourtant que les ordonnées restassent assez grandes pour qu'on pût en écrire la valeur le long de chacune d'elles.

Je soustrais la somme 15,$^{mt}$ 30 des coups-arrière, de la somme 16,$^{mt}$09 des coups-avant, et j'ai pour reste o,$^{mt}$ 79 qui est égal à la différence de niveau des points $A$ et $F$ (22).

Je soustrais pareillement la cote 20 mètres *(fig. 22)* qui répond au premier coup-arrière, de la cote 20,$^{mt}$ 79 qui répond au dernier coup-avant (25), et comme j'obtiens le même reste o,$^{mt}$79, il y a beaucoup de probabilité que je n'ai pas commis d'erreur dans les additions et les soustractions que j'ai faites (A).

3o. Si l'on veut se procurer un plus grand nombre de probabilités qu'on n'a pas commis d'erreur dans ses calculs, on cherchera d'abord la différence de niveau entre deux points quelconques $A$ et $C$ *(fig. 22)*, au moyen de la méthode de l'article 22.

| Coups-arrière. | Coups-avant correspondans. |
|---|---|
| 3, 54 | 3, 10 |
| 4, 25 | 3, 99 |
| 7, 79 | 7, 09 |

En soustrayant $7{,}^{mt}09$ de $7{,}^{mt}79$, je trouve $0{,}^{mt}70$ pour différence de niveau entre les points $A$ et $B$; elle est la même que celle donnée par les cotes $20{,}^{mt}00$ et $19{,}^{mt}30$; car $20{,}^{mt}00 - 19{,}^{mt}30 = 0{,}^{mt}70$.

Je puis chercher encore la différence de niveau entre les points $C$ et $E$; en un mot je puis multiplier ce genre d'épreuve autant de fois que je voudrai: et il est prudent de le répéter plus ou moins de fois, selon que le nivellement, qui en est l'objet, a plus ou moins d'étendue.

31. Toutes les fois donc que l'on réduira un nivellement à une même ligne de niveau, il ne faudra pas manquer de soumettre les opérations qu'on aura faites ($\Lambda$) aux épreuves que je viens d'enseigner. Si le résultat que chacune d'elles fournit n'est pas égal à la différence entre la cote qui répond au premier des coups-arrière et celle qui répond au dernier des coups-avant sur les-

quels on fait l'épreuve, alors on s'est trompé, en supposant qu'on n'ait commis aucune erreur dans les épreuves elles-mêmes. Il
faut donc recommencer les calculs (A) qu'on
a faits pour réduire son nivellement à une
même ligne de niveau, afin de découvrir l'erreur qu'on a commise et de la corriger.

32. Une fois qu'on est bien certain que
les cotes qu'on a trouvées sont exactes, on
rapporte son nivellement au moyen d'une
échelle de parties égales (26), ainsi qu'on
le voit figure 23. Nous avons pris ici pour
échelle des longueurs et des hauteurs un
demi-millimètre par mètre.

Lorsqu'un terrain est rapporté à une
seule ligne de niveau, on connoît par une
simple soustraction (25) la différence de
niveau entre deux points quelconques. Je
vois, par exemple, que le point $A$ est plus
bas que le point $D$ de $0,^{mt} 32$, parceque
$20,^{mt} 00 - 19,^{mt} 68 = 0,^{mt} 32$.

33. Le terrain peut changer de forme, non seulement sur la longueur, mais encore sur la largeur de l'ouvrage qu'on se propose d'exécuter. Je suppose, par exemple, que le point $A$ *(fig. 2.)* soit le fond d'un ruisseau, et que l'on veuille amener de l'eau du point $A$ au point $F$; il est clair que la chose est possible, puisque le fond du ruisseau est plus élevé que le point $F$. Il faudra donc creuser un canal pour amener cette eau.

Si l'on avoit besoin de connoître d'avance le cube des terrasses à faire pour l'exécution de ce fossé ou canal, et que le terrain changeât sensiblement de pente sur la largeur du canal à ouvrir, on feroit le nivellement du terrain sur une largeur convenable. Je suppose que le relief du terrain, et la largeur qu'on veut donner au canal qu'on se propose d'ouvrir du point $A$ au point $F$, exigent que l'on connoisse la forme du terrain sur une largeur de 16 mètres.

Pendant que le niveau seroit au point 1 *(fig. 21)*, je ferois placer la mire au point $R$, à 8 mètres de distance du point $A$, mesurée perpendiculairement à la direction $A\,F$, et sur la droite du niveleur qui est tourné vers le point $A$. Je suppose que le niveleur étant placé en 1, et la mire au point $R$ déterminé de la manière dont nous venons de le dire, le rayon visuel de l'observateur dirigé par le niveau passe à 3,$^{m}$87 au-dessus du point $R$; je suppose qu'on donne pareillement un coup de niveau sur le point $L$ situé vers la gauche du niveleur, à 8 mètres de distance du point $A$ ou $A'$, sur la ligne $R\,L$ perpendiculaire à la direction $A\,F$, et que la mire indique 4,$^{mt}$08: je tracerai un petit profil au crayon au-dessous du point $A$, ainsi qu'on le voit au-dessous de la fig. 21.

J'écrirai d'abord la cote 3,$^{mt}$54 au-dessus

du point $A'$, puis la cote 3,$^{mt}$ 87 au-dessus
du point $R$, et ensuite la cote 4,$^{mt}$ 08 au-
dessus du point $L$.

Je continuerai de prendre des profils en
travers aux points $B$, $C$, $D$, etc.

34. Si le second profil en travers eût été
pris pendant que le niveleur étoit placé
au point 1, et non pendant qu'il étoit au
point 2, on l'auroit indiqué d'abord en fi-
gurant le second profil en travers, du côté
du point 1 où se seroit trouvé le niveleur,
et ensuite en écrivant le coup-avant 3,$^{mt}$ 10
au-dessus du point $B'$. Mais, comme le second profil en travers a été pris pendant
que le niveau étoit établi au point 2, j'ai
placé ce profil de la manière qu'on le voit,
et j'ai écrit le coup-arrière 4,$^{mt}$ 25 au-dessus
du point $B'$.

35. On est le maître de prendre les profils en travers, soit en donnant les coups-
arrière, soit en donnant les coups-avant,

mais une fois qu'on a adopté une marche,
il ne faut pas en changer, sans quoi l'on
courroit les risques de se tromper. On réduit ensuite chacun de ces profils en travers,
à une ligne de niveau située dans la surface de niveau à laquelle appartient la ligne de niveau du profil en long *(fig. 22)*,
et on les rapporte ensuite graphiquement
*(fig. 23)*.

## OBSERVATIONS IMPORTANTES.

36. Pour que les différentes surfaces de
niveau qu'on obtient, en faisant faire des
fractions de tour d'horizon au niveau d'eau,
soient toutes situées dans un même plan,
il faut que les diamètres des deux tubes de
verre soient égaux. En effet soit le niveau
$a\,d\,r\,o$ *(Plan. II, fig. 24)* placé de manière
que la ligne $a\,o$ soit située dans la surface de niveau donnée par le liquide qui

remplit l'instrument. Soit $p$ la quantité d'eau contenue dans la partie $f\,d\,r\,g$ en fer-blanc du niveau, et soit $q$ la quantité d'eau contenue dans la partie des tubes des verres $a\,f$ et $o\,g$. Soit $e\,t$ l'axe de la douille du niveau que l'on prolonge jusqu'au point de rencontre $F$ de cet axe avec la droite $a\,o$. D'après la construction de l'instrument, le point $F$ est situé au milieu de $a\,o$, et la figure $a\,d\,r\,o$ formant un trapèze, on aura $F\,e = \frac{1}{2}\,(a\,d + o\,r)$.

Supposons maintenant qu'on fasse faire une fraction de tour d'horizon au niveau, et qu'il se trouve maintenant *(fig. 24)* dans la position $b\,m\,n\,c$, et que la droite $b\,c$ soit située dans les surfaces de niveau données par le liquide. Si l'on prolonge de nouveau l'axe $t\,e$ de la douille jusqu'au point de rencontre $F'$ de cet axe avec la droite $b\,c$, il est clair que, d'après la construction de l'instrument, le point $F'$ sera situé au mi-

lieu de $b\,c$, que la figure $b\,m\,n\,c$ sera un trapèze, et que l'on aura $F'e = \frac{1}{2}(b\,m + c\,n)$.
Mais pour que le point $F'$ se confonde avec
le point $F$, il faut que $F'e = Fe$ ou que $\frac{1}{2}$
$(b\,m + c\,n) = \frac{1}{2}(a\,d + o\,r)$; mais pour
que cette dernière égalité ait lieu, il faut
que les tubes $o\,g$ et $a\,f$ aient des diamètres
égaux; car si le tube $o\,g$ ou $c\,k$ avoit un diamètre plus petit que celui du tube $a\,f$ ou
$b\,h$, comme dans la nouvelle position de
l'instrument, $c\,k$ est plus grand que $o\,g$, il
s'ensuivroit que la quantité d'eau $q$ contenue dans les tubes de verre s'éleveroit dans
le plus petit tube à une hauteur telle que
$b\,h + c\,k$ seroit, dans ce cas-ci, plus grande
que $a\,d + o\,r$, d'où il s'ensuivroit encore
que $F'e = \frac{1}{2}(b\,m + c\,n)$ seroit plus grand
que $Fe$; donc le point $F'$ et la surface à laquelle il appartiendroit seroient placés au-
dessus du point $F$; et, par conséquent, la ligne $b\,c$ située dans les surfaces de niveau,

qu'on obtiendroit après avoir fait tourner l'instrument, ne seroit point située dans les deux premières surfaces de niveau.

37. Il faut que la douille du niveau s'adapte avec la tige du trépied, de manière que l'instrument ne fasse point la bascule, lorsqu'on lui fait faire une fraction de tour d'horizon.

38. Lorsque deux niveleurs appliquent successivement l'œil au niveau d'eau, il est rare que le rayon visuel de chacun d'eux aboutisse au même point de la mire; l'un voit presque toujours plus bas que l'autre. S'il arrivoit donc que deux personnes nivelassent alternativement, il faudroit que le même observateur eût soin de faire seul et en entier le nivellement simple qu'il auroit commencé.

39. Il faut faire placer la mire le plus verticalement possible.

40. Il faut avoir soin, avant de donner le

1<sup>er</sup> coup de niveau, de chasser les bulles
d'air qui se trouvent dans l'eau, ce qui se
fait en frappant de petits coups sur le tube
*A B C R A (Plan. I, fig. 2)*.

41. Lorsque la mire est sur un des points
intermédiaires *B (Plan. II, fig. 2J)*, il faut
que le porte-mire ait l'attention de poser
le pied de la mire, pendant que le niveleur
donne le coup-arrière qui lui fournit la cote 4,$^{mt}$25, précisément à la même place où
elle étoit, lorsqu'il a donné le coup-avant
qui lui a fourni la cote 3,$^{mt}$10.

42. Il arrive quelquefois qu'on fait placer
la mire sur un tronc d'arbre, sur la tête d'u-
ne borne, ou sur un autre repère quelconque; je conseille de faire alors un trait à la
craie autour du pied de la mire. On pren-
dra cette précaution, ou toute autre plus
durable encore, surtout lorsqu'on suspen-
dra son opération pour ne la reprendre que
le lendemain, ou quelques jours après.

43. Lorsqu'on fait un nivellement, on ne sauroit surtout prendre trop de précautions pour s'assurer si la cote indiquée par la mire et celle qu'on a écrite sont semblables. Supposons que la mire soit placée sur un point-arrière quelconque $B$ *(fig. 25)*, et que le niveleur soit au point 2. Lorsqu'après avoir bornoyé et fait au porte-mire différens signes auxquels il aura obéi, vous serez certain que le milieu du voyant de la mire sera dans la direction de votre rayon visuel, qui est situé dans le plan des deux surfaces de niveau, vous ferez au porte-mire le signe convenu pour lui indiquer que le voyant est bien placé; il fixera aussitôt le voyant, en serrant bien la main: vous demanderez ensuite au porte-mire quelle est la cote marquée par la mire, et vous l'écrirez au crayon.

Lorsque le porte-mire passera à côté de vous pour se rendre au point-avant $C$, vous

vous ferez présenter la mire, et vous examinerez avec attention si la cote qu'il vous a dite et celle que vous avez écrite sont conformes à celle qui est indiquée par la mire. Si ces trois conditions sont remplies, vous direz au porte-mire d'aller se placer au point $C$; si l'une d'elles différoit des deux autres, vous le feriez retourner au point $B$, et vous redonneriez votre coup de niveau.

44. Lorsque vous opérerez sur le point-avant $C$, et que vous aurez fait signe au porte-mire qu'il est bien, il fixera le voyant en serrant bien la main. Il vous dira ensuite la cote indiquée par la mire, et vous l'écrirez. Vous irez ensuite à lui, et vous examinerez si *la cote qu'il vous a dite, celle que vous avez écrite et celle qui est marquée sur la mire*, sont les mêmes. Si ces trois conditions sont remplies, vous ferez changer le niveau de place, et vous le ferez porter au point 3 où vous vous rendrez vous-même : si l'une

d'elles ne l'est pas, au lieu de faire changer le niveau de place, vous retournerez au point 2, et vous recommencerez à niveler le point *B*.

45. Je conseille à toutes les personnes qui font des nivellemens de répéter cette manœuvre à chaque station, car on ne sauroit prendre trop de précautions pour s'assurer si la cote qu'on a écrite est conforme à celle indiquée par le rayon visuel du niveleur. Il est si aisé de se tromper, *soit en lisant la cote sur la mire, soit en la donnant au niveleur, soit en l'écrivant*, que ces trois opérations si simples en elles-mêmes sont une source féconde d'erreurs.

Il seroit encore à propos que l'un des *porte-chaînes*, ou tous les deux ensemble, lussent en même tems que le porte-mire la cote indiquée par la mire.

46. L'espèce de manœuvre que je viens d'enseigner ne suffit pas encore pour être

sûr qu'un nivellement est bien fait. On nivelle toujours un terrain au moins deux
fois, pour s'assurer si l'on peut compter sur
la première opération qu'on a faite. Par
exemple, lorsqu'on a nivelé le terrain *A B
C D E F (fig. 21)*, on le nivelle une seconde
fois. On compare ensuite le résultat du second nivellement avec celui du premier; si
ces deux résultats ne diffèrent que de dix
à douze centimètres sur un myriamètre
de longueur, on a de grandes probabilités
qu'on a bien opéré.

47. On peut encore, lorsqu'on refait un
nivellement, commencer au point *F* où l'on
a fini le premier, et revenir sur ses pas. On
écrira les cotes du second nivellement à la
suite de celles du 1er, comme si ces deux
nivellemens n'en faisoient qu'un seul; ensuite on ajoutera ensemble tous les coups-
arrière; on ajoutera pareillement ensemble
tous les coups-avant: plus ces deux sommes

approcheront de l'égalité, et plus on aura opéré exactement; car il est évident qu'en nivelant du point *A* au point *F (fig. 21)*, et en renivelant ensuite du point *F* au point *A*, c'est comme si l'on avoit fait un nivellement suivant la ligne *A B C D E F G H I K A (fig. 25)*. Or, il est évident que la différence de niveau du point *A* au point *A* doit être égale à zéro; or, pour obtenir zéro, ou une quantité qui en diffère peu, il faut que la somme des coups-avant diffère peu de celle des coups-arrière. On sent bien qu'il est nécessaire que le résultat approche d'autant plus de zéro, qu'il y a moins de pente du point *A* au point *F,* et que l'ouvrage qui a donné lieu au nivellement qu'on a fait, exige une plus grande précision. Par exemple, un projet de canal, de conduite d'eau, demande une plus grande exactitude dans un nivellement, qu'un projet de route; et le résultat aura d'autant plus besoin d'approcher de la vérité que la pente du point de départ au point d'arrivée sera plus petite.

48. Il y a un moyen presque infaillible pour connoître d'une manière exacte la pente d'un terrain. Il consiste à faire planter de longs piquets, à fleur de terre, à l'extrémité de chaque station, et à faire placer la mire sur la tête de chacun de ces piquets; de sorte qu'en recommençant l'opération on vérifiera non-seulement le résultat général du nivellement, mais encore celui de chaque nivellement simple.

49. Lorsqu'un nivellement a pour objet un ouvrage important qui demande une grande précision, comme, par exemple, un canal; si le projet ne doit pas s'exécuter de suite, on plantera des bornes de distance en distance, sur la direction de l'ouvrage, et l'on aura soin de graver sur la tête de chacune d'elles la hauteur du déblai ou du remblai à faire dans leur emplacement.

50. Lorsqu'il fait beaucoup de vent, que l'on est pressé de faire un nivellement et qu'on n'a qu'un niveau d'eau pour opérer, il faut alors avoir recours à un paravent que l'on fait soutenir par deux hommes pour garantir le niveau du vent.

51. Lorsqu'on est obligé de se servir du niveau d'eau pendant l'hiver, et qu'il fait grand froid, alors on met de l'eau de vie dans l'instrument, pour empêcher l'eau de geler.

*REMARQUE.*

52. Nous avons recommandé de placer le niveau sur un point *P (Plan. I, fig. 5 et 26)* situé au milieu de la ligne *G H* qui joint les deux points qui font l'objet de chaque nivellement simple; mais on n'a pas besoin, lorsqu'on se sert du niveau d'eau, de s'asservir à remplir rigoureusement cette condition. Il suffit pour le prouver, de démon-

trer que la quantité $r\,e$ *(fig. 27)* dont le point $r$ est élevé, à la distance de 5o à 6o mètres, au-dessus du point $e$ qui est de niveau avec le point $P$, forme une quantité si petite qu'on peut la négliger sans erreur sensible. Cherchons donc l'expression de $e\,r$ qui est égale à la quantité dont le point $r$ situé dans la ligne de niveau apparent $P\,r$ (4), est au-dessus du point $e$ situé dans la ligne de niveau vrai $P\,e$.

Nous aurons, en vertu de la propriété qu'a toute tangente $P\,r$ d'être moyenne proportionnelle entre la sécante entière $r\,D$ et sa partie extérieure $e\,r$, nous aurons, dis-je, $D\,e + e\,r : P\,r :: P\,r : e\,r$, d'où l'on tire : $e\,r = \dfrac{\overline{P\,r}^{2}}{D\,e + e\,r}$, ou, comme $e\,r$ est une quantité très-petite par rapport au diamètre $D\,e$ de la terre qui, d'après les dernières mesures, a 12 732 396 mètres de longueur, $e\,r = \dfrac{\overline{P\,r}^{2}}{D\,e}$.

Le diamètre de la terre, comme nous venons de le dire, est connu; la distance $P\,r$

ou $P\,e$ sera aussi connue, en la mesurant soit à la chaîne, soit par un autre procédé; nous aurons donc la valeur de $e\,r$.

53. Si pour une distance $P\,e$, l'expression $e\,r$ de la hauteur du niveau apparent au-dessus du niveau vrai est égale à $\frac{\overline{Pr}^{2}}{De}$, la hauteur $r'\,e'$ du niveau apparent au-dessus du niveau vrai, pour une distance $P\,r'$, aura pour expression : $\frac{\overline{Pr'}^{2}}{D'e'}$ ; donc $r\,e : r'\,e' :: \frac{\overline{Pr}^{2}}{De} : \frac{\overline{Pr'}^{2}}{D'e'}$, ou comme $D\,e = D'\,e'$, $r\,e : r'\,e' :: \overline{Pr}^{2} : \overline{Pr'}^{2}$, c'est-à-dire que les différentes hauteurs du niveau apparent au-dessus du niveau vrai, sont entr'elles à-peu-près, comme les quarrés des distances. On peut faire usage de cette propriété pour calculer une table des hauteurs du niveau apparent au-dessus du niveau vrai, pour des distances données.

54. Je joins ici une Table des hauteurs du niveau apparent au-dessus du niveau vrai depuis 40 jusqu'à 3600 mètres.

*TABLE des hauteurs du Niveau apparent au-dessus du Niveau vrai , et des abaissemens causés par la Réfraction, depuis la distance de 40 jusqu'à celle de 3600 mètres.*

| DISTANCE EN MÈTRES. | ÉLÉVATION du Niveau apparent, au-dessus du Niveau vrai. | ABAISSEMENT causé par la Réfraction. | EXCÈS de l'élévation du Niveau apparent au-dessus du Niveau vrai, sur l'abaissement causé par la Réfraction. |
|---|---|---|---|
| mt | mt | mt | mt |
| 40 | 0,0001 | 0,0000 | ......0,0001 |
| 60 | 0,0003 | 0,0000 | ......0,0002 |
| 80 | 0,0005 | 0,0001 | ......0,0004 |
| 100 | 0,0008 | 0,0001 | ......0,0007 |
| 140 | 0,0015 | 0,0002 | ......0,0013 |
| 180 | 0,0025 | 0,0004 | ......0,0021 |
| 200 | 0,0031 | 0,0005 | ......0,0026 |
| 240 | 0,0045 | 0,0007 | ......0,0038 |
| 280 | 0,0062 | 0,0010 | ......0,0052 |
| 300 | 0,0071 | 0,0011 | ......0,0059 |
| 340 | 0,0091 | 0,0014 | ......0,0076 |
| 380 | 0,0113 | 0,0018 | ......0,0095 |
| 40.0 | 0,0126 | 0,0020 | ......0.0106 |
| 440 | 0,0152 | 0,0024 | ......0,0128 |
| 480 | 0,0181 | 0,0029 | ......0,0152 |
| 500 | 0,0196 | 0,0031 | ......0,0165 |
| 540 | 0,0229 | 0,0037 | ......0,0192 |
| 580 | 0,0264 | 0,0042 | ......0,0222 |
| 600 | 0,0283 | 0,0045 | ......0,0237 |
| 700 | 0,0385 | 0,0062 | ......0,0323 |
| 800 | 0,0503 | 0,0080 | ......0,0422 |
| 900 | 0,0636 | 0,0102 | ......0,0534 |
| 1000 | 0,0785 | 0,0126 | ......0,0660 |

*SUITE de la Table du Niveau apparent etc.*

| DISTANCE<br>EN<br>MÈTRES. | ÉLÉVATION<br>du<br>Niveau apparent,<br>au-dessus<br>du Niveau vrai. | ABAISSEMENT<br>causé<br>par<br>la Réfraction. | EXCÈS<br>de l'élévation du Niveau<br>apparent au-dessus du Niveau<br>vrai, sur l'abaissement causé<br>par la Réfraction. |
|---|---|---|---|
| *mt* | *mt* | *mt* | *mt* |
| 1100 | 0,0950 | 0,0152 | . . . . . . 0,0798 |
| 1200 | 0,1131 | 0,0181 | . . . . . . 0,0950 |
| 1300 | 0,1327 | 0,0212 | . . . . . . 0,1115 |
| 1400 | 0,1539 | 0,0246 | . . . . . . 0,1293 |
| 1500 | 0,1767 | 0,0283 | . . . . . . 0,1484 |
| 1600 | 0,2011 | 0,0322 | . . . . . . 0,1689 |
| 1700 | 0,2270 | 0,0363 | . . . . . . 0,1907 |
| 1800 | 0,2545 | 0,0407 | . . . . . . 0,2137 |
| 1900 | 0,2835 | 0,0454 | . . . . . . 0,2382 |
| 2000 | 0,3142 | 0,0503 | . . . . . . 0,2639 |
| 2100 | 0,3464 | 0,0554 | . . . . . . 0,2909 |
| 2200 | 0,3801 | 0,0608 | . . . . . . 0,3193 |
| 2300 | 0,4155 | 0,0665 | . . . . . . 0,3490 |
| 2400 | 0,4524 | 0,0724 | . . . . . . 0,3800 |
| 2500 | 0,4909 | 0,0785 | . . . . . . 0,4123 |
| 2600 | 0,5309 | 0,0849 | . . . . . . 0,4460 |
| 2700 | 0,5726 | 0,0916 | . . . . . . 0,4809 |
| 2800 | 0,6157 | 0,0985 | . . . . . . 0,5172 |
| 2900 | 0,6605 | 0,1057 | . . . . . . 0,5548 |
| 3000 | 0,7069 | 0,1131 | . . . . . . 0,5938 |
| 3100 | 0,7548 | 0,1208 | . . . . . . 0,6340 |
| 3200 | 0,8042 | 0,1287 | . . . . . . 0,6756 |
| 3300 | 0,8553 | 0,1368 | . . . . . . 0,7184 |
| 3400 | 0,9079 | 0,1453 | . . . . . . 0,7626 |
| 3500 | 0,9621 | 0,1539 | . . . . . . 0,8082 |
| 3600 | 1,0179 | 0,1629 | . . . . . . 0,8550 |

55. Il faut faire attention, pour l'intelligence de la 3ᵉ et de la 4ᵉ colonne de cette Table, que le rayon visuel, au lieu de suivre une ligne droite en traversant l'athmosphère, éprouve une déviation connue sous le nom de réfraction qui fait que le point de visée $E$ *(fig. 1 et 27)* au-lieu d'être placé à l'extrémité du rayon horizontal $FE$, est en général situé au-dessous, de sorte que si l'abaissement causé par la réfraction étoit égal à l'élévation du niveau apparent au-dessus du niveau vrai, on n'auroit aucune correction à faire à l'erreur causée par le niveau apparent; mais comme la réfraction abaisse moins le point de visée que le niveau apparent ne l'élève, il reste toujours à faire une petite correction que l'on trouve toute calculée dans la 4ᵉ colonne de la Table ci-jointe.

56. On voit à l'inspection de la 4ᵉ colonne de cette Table, que l'erreur prove-

nant du niveau apparent et de la réfraction est pour ainsi dire nulle, à la distance de 60 mètres, de sorte que l'on peut placer le niveau d'eau sur les points $L$, $P'$, $P''$ *(Plan. I, fig. 26)* et même sur l'un des points $G$ et $H$ qu'on nivelle, sans avoir besoin de faire de correction. Je conseille cependant de mettre ordinairement l'instrument à-peu-près au milieu des deux points sur lesquels on opère, puisqu'on nivelle d'un seul coup, par ce moyen, un espace plus long, et qu'on voit plus distinctement, de part et d'autre, la ligne $i\ a$ *(Plan. I, fig. 13)* qui divise le voyant de la mire.

57. Si le lecteur avoit besoin de connoître l'élévation du niveau apparent au-dessus du niveau vrai, ainsi que l'abaissement causé par la réfraction, pour une distance qui ne seroit pas contenue dans cette Table, il pourroit multiplier le carré de la distance donnée, par le nombre constant 0, 00000

00785 39816, et le produit seroit la hauteur du niveau apparent cherchée.

Si l'on multiplioit ensuite par 0, 16 le nombre qu'on auroit trouvé, le produit qui en résulteroit seroit égal à l'abaissement causé par la réfraction.

Enfin la différence du premier et du second produit seroit égale à l'excès de l'élévation du niveau apparent sur l'abaissement causé par la réfraction.

*DÉTAILS SUR LE NIVEAU D'EAU*

*dont j'ai donné la description aux pages 7 et 8,*
*et qui est représenté dans la planche I$^{re}$.*

58. Pendant qu'on imprimoit cet ouvrage, j'ai réfléchi qu'il pouvoit être utile de donner une description détaillée des tubes du niveau dont je me sers, ainsi que des extrémités de la partie en fer blanc de cet instrument, et d'y joindre des dessins aussi

grands que nature, afin qu'on puisse faire construire facilement les tubes et le niveau.

59. Je me sers de deux sortes de verres; les uns semblables à celui *A ( Plan. III, fig. 26)* ont 55 à 62 millimètres de diamètre, 85 millimètres de hauteur, et 1 millimètre $\frac{1}{2}$ d'épaisseur. Le trou *T* pratiqué à la partie supérieure a 10 ou 12 millimètres de diamètre.

Les autres verres ou tubes dont je me sers sont semblables à celui *B (fig. 27)*: ils ont 40 millimètres de diamètre, 90 à 95 millimètres de hauteur, et 1 millimètre $\frac{1}{2}$ d'épaisseur.

60. Je garnis l'extrémité inférieure *c* de ces tubes *(fig. 26, 26 bis et 27)* de couches de filasse qu'on applique successivement, et que l'on mouille à mesure qu'on les roule autour du tube. Elles forment une couche qui a 1 millimètre ou 1 millimètre $\frac{1}{2}$ d'épaisseur, sur toute sa hauteur qui est de 20

millimètres *(fig. 26 et 26 bis)*, ou bien qui a
1 millimètre environ d'épaisseur, à sa partie inférieure *(fig. 27)*, et 2 millimètres environ à sa partie supérieure.

On peut faire la garniture de l'une ou
de l'autre manière, mais il faut avoir soin,
dans tous les cas, qu'elle soit assez épaisse
pour qu'en introduisant les tubes dans les
extrémités $C$ du niveau *(fig. 29 et 30)*, ou en
les ôtant, ils ne soient pas exposés à être
fêlés. Il faut par conséquent que les extrémités $C$ de l'instrument soient faites de manière que chaque tube muni de sa garniture puisse y entrer assez facilement, avant
qu'on l'ait mouillée. La partie supérieure
de la garniture forme ordinairement, au-
dessus des extrémités $C$, un bourlet qui
contribue puissamment à empêcher l'eau
de se répandre.

61. Voici maintenant la description des
espèces d'entonnoirs $C$ *(fig. 29 et 30)* qui ter-

minent la partie en fer blanc de mes niveaux.

*H M* représente une fraction du cylindre de l'instrument, auquel je donne ordinairement 13 décimètres de longueur.

*G H E K* est un cône tronqué qui est soudé avec la partie cylindrique *H F*, suivant la courbe *E H*.

*I L* est un cylindre qui est soudé avec le cône *G H E K*, suivant la partie circulaire *I K*.

On a pratiqué au petit cylindre dont nous venons de parler, deux cannelures *l m, n o (fig. 29 et 30)* qui sont convexes extérieurement *(fig. 29)*, et concaves intérieurement *(fig. 30)*.

Ces deux cannelures ont pour objet d'empêcher l'eau de filtrer et de se répandre hors du niveau, lorsque les tubes sont adaptés aux extrémités de l'instrument et qu'il est plein d'eau.

*O L* n'est autre chose qu'un demi-rond
qui termine et renforce la partie supérieure du petit cylindre *I L*.

62. Lorsqu'on veut opérer avec ce niveau, on commence par établir le pied de
l'instrument; on place ensuite la partie en
fer-blanc dessus; puis on mouille la garniture de l'un des tubes; on adapte ce tube
à l'une des extrémités du niveau que l'on
remplit ensuite d'eau. Cela fait, on mouille
la garniture de l'autre tube, et on l'adapte
à l'autre extrémité du niveau qu'on achève
ensuite de remplir d'eau.

63. On parvient, avec un peu d'habitu-
de, à garnir facilement les verres de filasse,
à les adapter au niveau et à les en ôter sans
les casser. Il y a plus de deux ans que je
me sers des deux mêmes tubes, et cependant je les ai employés dans un grand nombre de nivellemens, et on les a transportés,
tantôt à pied, tantôt à cheval, et tantôt en

voiture, dans toutes les parties du département de la Stura.

64. Lorsqu'on se sert de verres semblables à celui *B (fig. 27)*, on feroit bien d'a-
voir un étui qui pût en contenir trois. Deux
de ces tubes seroient munis de leurs gar-
nitures, et le troisième seroit rempli de filasse, pour servir en cas de besoin.

65. J'ai soin, avant d'adapter mes tubes
au niveau, d'en faire frotter l'intérieur avec
des orties, par un des porte-chaînes, afin
de rendre régulier l'onglet qui se forme à
la surface de l'eau, tout autour de chaque
verre.

66. Dans le niveau d'eau ordinaire dont
les verres sont mastiqués aux extrémités
de l'instrument, on n'ose rincer les verres,
de crainte de briser le mastic, ce qui pourroit faire répandre l'eau contenue dans le
niveau.

Dans le transport de l'instrument, il

n'est pas rare qu'on brise le mastic ou les verres.

Si on laisse son niveau dans une métairie, il arrive souvent que les gens de la ferme brisent le mastic et même les verres, en voulant examiner l'instrument.

Lorsqu'on est de retour chez soi, si l'on place son niveau le long d'un mur, dans la même position qu'il a lorsqu'on nivelle, l'eau qui reste dans les angles forme de la rouille qui perce bientôt l'instrument. Si on le place au contraire sens dessus dessous, les gouttes d'eau qui sortent imprégnées de rouille ternissent l'éclat des tubes.

67. Le niveau que nous avons décrit dans cet ouvrage n'est sujet à aucun des inconvéniens dont nous venons de parler. On le fait transporter par un homme à pied, ou à cheval, ou bien on l'attache à une voiture par le moyen de trois courroies, sans crain-

dre que les verres se brisent, puisqu'ils sont dans la poche ou dans un étui.

On rince ces tubes, tant qu'on veut, et si l'on s'apperçoit que l'eau se répande, lorsqu'ils sont adaptés à l'instrument, on y a bientôt remédié, au moyen d'un peu de filasse qu'on ajoute à la garniture des tubes.

Lorsqu'on n'opère plus, on attache l'instrument sens dessus dessous, le long d'un mur, afin que le peu d'eau qui reste dedans puisse s'égoutter facilement.

68. On peut également adapter ces tubes à des niveaux en cuivre, par le moyen de vis et d'écroux, ou de deux cônes tronqués qu'on introduiroit l'un dans l'autre, et entre lesquels le frottement ne laisseroit passer aucune goutte d'eau.

**FIN DU TRAITÉ.**

# TABLE

## DES MATIÈRES.

Le rayon visuel du niveleur ne va point en ligne droite,
et il éprouve, en traversant l'atmosphère, une déviation connue sous le nom de *réfraction* qui abaisse
ordinairement le point de visée. Comme le niveau apparent élève le point de visée au-dessus du niveau

*DÉTAILS SUR LE NIVEAU D'EAU DONT JE ME SERS.*

FIN DE LA TABLE DES MATIÈRES.

# QUELQUES PROPOSITIONS

## DE

# MATHÉMATIQUES.

# I.<sup>er</sup> THÉORÊME.

*LE carré fait sur l'hypothénuse d'un trian-
gle rectangle contient quatre fois ce triangle, plus
un carré dont le côté est égal à la différence des
deux côtés qui comprennent l'angle droit. On
peut décomposer dans les mêmes figures les deux
autres côtés du triangle rectangle donné.*

Soit *( Plan. A, fig. 1 )* le triangle $ABC$ rectangle en $B$. Je forme un carré sur chacun des
côtés de ce triangle. Je tire ensuite $AD$ parallèlement à $BC$, et $CG$ parallèlement à $AB$.
J'abaisse $ME$ perpendiculairement à $AD$; j'a-
baisse pareillement $NF$ perpendiculairement
à $CG$. Cela posé, les triangles $ABC$, $ADC$ sont
égaux, à cause du parallélisme des côtés $AB$,
$CD$, $BC$, $AD$.

Le triangle $AEM$ est semblable au triangle $ADC$, parceque les côtés de l'un sont perpendiculaires aux côtés de l'autre. Ces deux triangles ont de plus les côtés $AC$ et $AM$ égaux ; donc les triangles $AEM$, $ADC$ sont égaux. On démontrera la même chose des triangles $MFN$, $CGN$.

Mais puisque $AE = CD = AB$, et que $AD = BC$, il suit de là que $DE = BC - AB$; on démontrera la même chose de $DG$, de $GF$, de $FE$.

Cette proposition fournit une nouvelle démonstration du fameux théorême de Pythagore. En effet, soit $AB = a$, $BC = b$ et $AC = c$; nous aurons, d'après ce que nous venons de démontrer, $cc = 4(\frac{1}{2}ab) + aa - 2ab + bb = aa + bb$.

Si l'on fait $CH = AB$, et que l'on tire $HK$ et $IH$; que l'on porte $AB$ de $B$ en $Q$, et qu'on achève le carré; que l'on prolonge $OQ$, et qu'on tire $LR$, il est clair que les triangles $HCI$, $HKI$ sont égaux au triangle $ABC$.

Puisque $CH = AB$, $BH$ est l'excès du côté $CB$ sur le côté $AB$; donc $LH = BC$; donc les triangles $LHR$, $LOR$ sont pareillement égaux au triangle $ABC$.

Le carré $PR$ a donc aussi pour côté la différence entre les côtés $CB$ et $AB$. Donc les figures rectilignes $S$, $T$, $U$, $V$, $Y$, dans lesquelles nous avons décomposé le carré fait sur l'hypothénuse, sont égales aux figures $s$, $t$, $u$, $v$, $y$, dans lesquelles nous avons décomposé les carrés faits sur les deux autres côtés. *c. q. f. d.*

## 2.ᵉ THÉORÊME.

$S_I$ *d'un point* O ( fig. 2 ) *pris sur la circonférence d'un cercle, on décrit une autre circonférence qui coupe la première en* A *et en* B, *que du point* A *par un point quelconque* E *on tire la corde* A M, *et que par le même point* E *et par le point* B *on tire la corde* B N, *je dis que* BE=EM, *et que* AE=EN.

*DÉMONSTRATION.*

Je tire les cordes $AB$, $MN$. Par le centre $O$, je mène les rayons $OA$ et $OB$. L'angle $AEB = AOB$; donc il aura pour mesure l'arc $ADB$; donc $NEM$ son opposé au sommet aura aussi pour mesure l'arc $ADB$. Mais $NEM$ a d'ailleurs pour mesure $\dfrac{AMB + NHM}{2}$; donc l'arc $ADB =$ l'arc $NHM$; donc la corde $AB = NM$; les triangles $ABE$, $MNE$ sont donc égaux; car, outre les côtés $AB$ et $NM$ qui sont égaux, les angles $NEM$, $AEB$ sont égaux, comme opposés au sommet, sans compter que les angles $ABN$, $AMN$ sont aussi égaux comme inscrits au même segment; donc $BE = EM$ et $AE = EN$. c. q. f. d.

Il suit de là que de tous les angles $OAB$, $AEB$ inscrits au même segment, la somme des côtés de celui dont les côtés $AO$ et $OB$ sont égaux est la plus grande. En effet, si du point $O$ comme centre, et d'un rayon égal à $AO$, je décris une circonférence, elle passera par le point

*B.* Si l'on prolonge $AO$ jusqu'en $H$, et $AE$ jusqu'en $M$, j'aurai, d'après le Théorême que nous
venons de démontrer, $BO = OH$ et $BE = EM$;
donc $AE + BE = AM$, et $AO + OB = AH$;
mais le diamètre $AH$ est plus grand que toute
corde $AM$; donc $AO + OB > AE + EB$. *c.q.f.d.*

On peut encore tirer de là le moyen de résoudre le problême suivant. Construire un triangle qui ait un angle égal à un angle donné $Q$
*(fig. 3)*, dont le côté opposé à cet angle soit égal
à $m$, et dont la somme des deux autres côtés
soit égale à $n$.

Sur $AB$ *(fig. 2)* égale à $m$, je décris un segment de cercle $AOB$ capable de l'angle donné
$Q$. Du point $O$, milieu de cet arc, je décris une
circonférence qui passe par les points $A$ et $B$.
Du point $A$, comme centre, et d'un rayon égal
à $n$, je décris un arc de cercle qui coupe la grande circonférence en $M$ et en $M'$. Je joins les points
$A$ et $M$ ou $A$ et $M'$; je tire $BE$ ou $BE'$; cela posé,
je dis que les triangles $AEB$, $AE'B$ sont égaux
au triangle demandé. En effet, puisque par

construction $AB = m$, que $AEB$ ou $AE'B = Q$, et que d'après le Théorême 2ᵉ, $AE + EB$ ou $AE + E'B = AM$ ou $AM'$ ou $n$, les triangles que j'obtiens sont égaux et remplissent les conditions du problême.

On tire encore du Théorême 2.ᵉ la démonstration du Théorême suivant.

# 3.ᵉ THÉORÊME.

*DEUX triangles* ABE, ABE' ( fig. 2 ), *qui ont un côté commun opposé à des angles égaux* E, E' *dont la somme des côtés* AB, BE *de l'un est égale à la somme des deux côtés* AE', BE' *de l'autre; ces deux triangles, dis-je, sont égaux.*

### DÉMONSTRATION.

Je fais passer une circonférence de cercle par les trois sommets $A, B, E$ des angles du triangle $ABE$; cette circonférence passera nécessairement par le point $E'$, sans quoi l'angle $A E'B$ ne seroit pas égal à l'angle $A E B$, ce qui est contre la supposition. Si du milieu $O$ de l'arc $A E'\, E B$, avec le rayon $O A$, je décris une circonférence de cercle, cette circonférence passera aussi par le point $B$. Si je prolonge $A E$ et $B E$ jusqu'à cette circonférence, j'aurai, par le Théorème précédent, $A M' = A E' + B E'$; $B N = B E + E N$, d'où je conclus que $A M' = B N$; donc les arcs soutendus par ces cordes sont égaux; ajoutant, de part et d'autre, l'arc $M N$, j'aurai l'arc $A M N$ égal à l'arc $B M M'$; donc l'angle $E B A = $ l'angle $E'A B$: les triangles $A E B$, $B E'A$, ayant un côté commun et les deux angles adjacens à ce côté commun égaux, seront égaux. $c.\ q.\ f.\ d.$

# 4.ᵉ THÉORÈME.

*Si deux cordes quelconques* B G *et* A D ( fig. 4 *et* 5 ) *se coupent à angles droits, au dedans ou au dehors d'un cercle, je dis que la somme des carrés faits sur les segmens de ces cordes est égale au carré fait sur le diamètre.*

### DÉMONSTRATION.

Pour le démontrer, soit mené du point $B$ le diamètre $B F$; soient joints les points $B$ et $D$ par une ligne $B D$, et soit tirée la droite $D F$. Cela posé, il est évident que $\overline{BD}^2 = \overline{BE}^2 + \overline{DE}^2$, et que $\overline{AG}^2 = \overline{AE}^2 + \overline{GE}^2$, mais $\overline{BF}^2 = \overline{BD}^2 + \overline{DF}^2$. Donc si nous pouvons prouver que $\overline{DF}^2 = \overline{AG}^2$, ou que $DF = AG$, nous aurons démontré que $\overline{BE}^2 + \overline{DE}^2 + \overline{AE}^2 + \overline{GE}^2 = \overline{BF}^2$.

Or *(fig. 4)* $DF = AG$, car $\frac{1}{2}(BOD + ALG) = 90°$, mais $\frac{1}{2}(BOD + DKF) =$ aussi $90°$; donc l'arc $DKF = ALG$; donc $DF = AG$: et

$(fig.5)$ $\frac{1}{2}(DKF+FG-AB)=90.°=\frac{1}{2}(DKF$
$+FGB-BLG-AB)$; mais $\frac{1}{2}FGB=90°$;
il faut donc que $\frac{1}{2}(DKF-BLG-AB)=0$,
ou que $DKF=BLG+AB=ALG$; donc
$DF=AG$.

Si le point $E$ *(fig. 6)* étoit situé sur la circonférence en $D$ au lieu de se trouver au dedans,
le Théorême n'en auroit pas moins lieu, car les
deux cordes $DF$ et $GA$ deviendroient les deux
côtés d'un triangle rectangle qui auroit le diamètre du cercle pour hypothénuse.

Si les deux sécantes passoient par le centre
du cercle, on auroit aussi évidemment : $\overline{CB}^2+$
$\overline{CH}^2+\overline{CA}^2+\overline{CF}^2=\overline{BF}^2$.

Si enfin, il n'y avoit qu'une des sécantes qui
passât par le centre du cercle, on pourroit dé-
montrer que $\overline{FM}^2+\overline{MG}^2+\overline{PM}^2+\overline{MN}^2=\overline{FB}^2$,
en se servant de l'équation du cercle.

En effet ; soit $CD=a$, $CM=x$, $PM=y$, je
dis que $aa-2ax+xx+aa+2ax+xx+2$
$yy=4aa$, ou que $2aa+2xx+2yy=4aa$.
Il suffit pour le prouver de mettre à la place

de $2\,y\,y$, sa valeur $2\,a\,a - 2\,x\,x$, car alors cette équation se transforme en l'équation identique $4\,a\,a = 4\,a\,a$.

Si les deux sécantes *(fig. 5)* devenoient tangentes au cercle *(fig. 6)*, alors les points $B$ et $G$ se confondroient ensemble, ainsi que les points $A$ et $D$, et l'on auroit également $\overline{B\,E}^2 + \overline{D\,E}^2 + \overline{A\,E}^2 + \overline{G\,E}^2 = \overline{B\,F}^2$.

# 5.ᵉ THÉORÊME.

On démontre dans les élémens de Géométrie que si l'on divise chacun des angles d'un triangle *(fig. 7)* en deux parties égales par une ligne, ces trois lignes se coupent en un même point.

On démontre également que si l'on divise chaque côté d'un triangle en deux parties égales par une ligne abaissée du sommet de l'angle opposé à ce côté, on démontre, dis-je, que ces trois lignes se coupent en un seul point.

Je vais démontrer que si l'on abaisse du sommet de chacun des angles d'un triangle *(fig. 7 et 8)* une perpendiculaire sur le côté opposé, ces trois perpendiculaires se couperont aussi en un seul et unique point.

En effet, les triangles $BDo$, $BFC$, $ADC$ formés par les côtés du triangle donné et par les deux perpendiculaires $AD$ et $BF$ qui vont se couper au point $o$, sont semblables ; donc $BD : Do :: AD : DC$ ; donc $BD \times DC = Do \times AD$.

Les triangles $CDo'$, $CEB$, $ADB$ formés par les côtés du triangle donné et par les deux perpendiculaires $AD$ et $CE$ qui vont se couper au point $o'$, sont pareillement semblables, et donnent cette proportion : $CD : Do' :: AD : DB$, donc $CD \times DB = Do' \times AD$ ; donc $Do' = Do$ ; donc les points $o'$ et $o$ sont un seul et même point. *c. q. f. d.*

## *PROBLÉME.*

Lorsqu'on a un problême à résoudre, on en cherche d'abord la solution ; lorsqu'on en a trouvé une, il faut tâcher d'en trouver une plus simple, et essayer de toutes les manières pour arriver à la plus simple possible.

Voici un problême que je vais donner pour exemple. Soit un triangle quelconque *A B C* *(fig 9)*; on propose d'inscrire un carré dans ce triangle.

Il y a plusieurs moyens de résoudre ce problême, mais voici, je crois, celui qui conduit à la construction la plus simple. Il est évident *(fig. 10)* que si je prends un point quelconque *E* sur le coté *A B*, et que j'achève le carré; que je prenne ensuite un point quelconque *E'* aussi près qu'il est possible du point *E*, que j'achève ensuite le carré; que je continue d'opérer ainsi, il est évident, dis-je, que je finirai par rencontrer un carré qui sera celui demandé. Il est évident encore que si je cherche le lieu géométri-

que de tous les points $D, D'$ etc. que je décrive
ensuite ce lieu géométrique, il est clair, dis-je,
que l'intersection de ce lieu géométrique avec
le côté $AC$ me donnera la position de l'un des
angles du carré inscrit.

Or, si je cherche le lieu géométrique de tous
les angles $D, D'$ etc. des carrés décrits de la manière indiquée, je trouve une équation à la ligne droite. Je tire de là une solution très-simple du problême donné.

Je prends sur le côté $AB$ du triangle donné
*(fig. 11)* un point quelconque $E$; j'achève ensuite
le carré $E'G'$. Par les points $D'$ et $B$, je tire une
ligne, et le point d'intersection $D$ de cette droite
avec le côté $AC$, sera la position de l'un des angles du carré inscrit. Par le point $D$, je mène $DE$
parallèle à $BC$, et j'abaisse $DG$ perpendiculairement à $BC$. J'achève ensuite le carré demandé.

Cette construction est, comme on le voit, ex-
trêmement simple. Si le lieu géométrique des
points $D, D'$ etc. *(fig. 10)* eût été une courbe
difficile à décrire, on auroit alors abandonné

cette solution, pour en chercher une autre. Ce que je dis de la solution et de la construction de ce problême, s'applique à la solution et à la construction de tous les problêmes en général.

# 6.ᶜ THÉORÊME.

Dans les élémens de mathématiques on démontre ordinairement que lorsqu'on a quatre quantités en proportion géométrique, le produit des termes extrêmes est égal au produit des termes moyens. On démontre pareillement que si quatre quantités forment une proportion arithmétique, la somme des termes extrêmes est égale à la somme des termes moyens. Voici une démonstration beaucoup plus générale et beaucoup plus simple de ces deux Théorêmes.

Soient quatre quantités $a, b, c, d$. Je dis que l'on aura toujours le rapport par quotient ou par différence des deux premières, est au rapport par quotient, ou par différence des deux dernières, comme le produit, ou la somme des quantités extrêmes, est au produit, ou à la somme des quantités moyennes. C'est-à-dire que si l'on a quatre quantités $a, b, c, d$, on aura toujours $\frac{a}{b} : \frac{c}{d} :: a\,d : b\,c; a - b . c - d : a + d . b + c$.

En effet pour le rapport géométrique on aura : $\frac{a}{b} : \frac{c}{d} :: a\,d : b\,c$, ou $\frac{a\,d}{b\,d} : \frac{b\,c}{b\,d} :: a\,d : b\,c$, si l'on a $a\,d : b\,c :: a\,d : b\,c$, ce qui a lieu nécessairement. $c.\,q.\,f.\,d.$

Donc lorsque $\frac{a}{b} = \frac{c}{d}$, c'est-à-dire lorsque ces quatre quantités forment une proportion par quotient, le produit des extrêmes est égal au produit des moyens, et réciproquement. Donc, lorsque le premier rapport contient un nombre de fois $n$ le second, le produit des extrêmes contient aussi le même nombre de fois $n$ le produit des moyens, et réciproquement.

On démontre d'une manière analogue la partie du Théorème relative à la proportion par différence.